SYLLABAIRE

DES

PETITS ENFANTS

INDUSTRIEUX.

ÉDITION ORNÉE DE GRAVURES.

Le Tir.

Les Cerceaux.

SYLLABAIRE

DES

PETITS ENFANTS

INDUSTRIEUX.

ÉDITION ORNÉE DE GRAVURES.

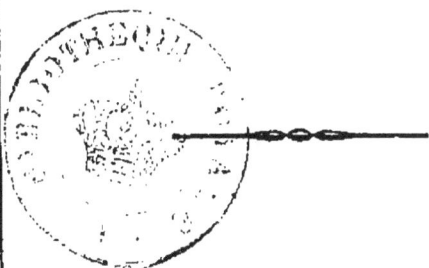

ÉPINAL,

PELLERIN, IMPRIMEUR-LIBRAIRE.

Lettres Majuscules.

A B C D E
F G H I J
K L M N O P
Q R S T U V W
X Y Z Æ Œ.

Lettres Minuscules.

a b c d e f g
h i j k l m n
o p q r s t u
v w x y z æ œ.

Lettres Italiques.

a b c d e f
g h i j k l m
n o p q r s t u
v w x y z œ œ.

Lettres de Ronde.

a b c d e f g h i
j k l m n o p q r
s t u v x y z.

A a *a*	 **Architecte.**
B b *b*	 **Boucher.**

C	
c	**Chaudronnier.**
c	
D	
d	**Distillateur.**
d	

E	
e	
e	Ebéniste.
F	
f	
f	Forgeron.

G *g* *g*	 Graveur.
H **h** *h*	 Horloger.

I	
i	
i	**Imprimeur.**
J	
j	
j	**Jardinier.**

K k _k_

Kadris.

L l _l_

Luthier.

M **M**	
m **m**	
m	**Maçon.**
N **N**	
n	
n	**Navigateur.**

O O O

Oiseleur.

P P P

Peintre.

Q	
q	
q	Quincailler.
R	
r	
r	Relieur.

S s s	Sculpteur.
T t t	Tonnelier.

U u	
U *u*	**Usurier.**
V *v*	
V *v*	**Vigneron.**

X	
X	**Xistiques.**
x	
Z	
z	
z	**Zanni.**

SYLLABAIRE.

a e i ou y o u

ba be bi bo bu

ca ce ci co cu

da de di do du

fa fe fi fo fu

ga ge gi go gu

ha he hi ho hu

ja je ji jo ju

ka ke ki ko ku

la le li lo lu

ma me mi mo mu

na ne ni no nu

pa pe pi po pu

qua que qui quo qu

ra re ri ro ru

sa se si so su

ta te ti to tu

va ve vi vo vu

xa xe xi xo xu

za ze zi zo zu

MOTS SYLLABÉS.

Pa-pa.	La-pin.
Ma-man.	Se-rin.
Da-da.	Bou-chon.
Vo-lant.	Ga-zon.
Rai-sin.	Voi-sin.
Jar-din.	Poi-re.
Bou-ton.	Bon-net.
Mou-ton.	Na-non.
Bou-din.	Tou-tou.
Ma-tin.	Pou-pée.
Fan-fan.	Cou-teau.
Jou-jou.	Cha-peau.
Bon-bon.	A-bat-tre
Din-don.	Ma-da-me.
Man-chon.	Ba-lan-ce.
Che-min.	Ba-di-ner.
Chan-son.	Ai-ma-ble.

Ca-ba-ne.

Ca-ba-ret.

Gé-né-ral.

Grap-pil-ler.

Ser-vi-teur.

A-mu-se-ment.

Ba-di-na-ge.

Cou-ver-tu-re.

En-tê-te-ment.

Il-lu-mi-na-tion.

Ki-ri-el-le.

Lo-te-rie.

Lu-mi-nai-re.

Ma-ca-ron.

Né-gli-gen-ce.

O-ri-gi-nal.

Pa-res-seu-se.

Ré-si-den-ce.

Ap-pro-ba-ti-on.

Bé-né-dic-ti-on.

Ci-vi-li-sa-ti-on.

Dé-cla-ra-ti-on.

Ad-mi-ra-ble.

Con-fi-tu-re.

Sen-si-bi-li-té.

Tran-quil-li-té.

Ré-cré-a-ti-on.

Gra-ti-fi-ca-ti-on.

In-cor-ri-gi-ble.

Cha-ri-ta-ble.

Es-pé-ran-ce.

Con-so-la-ti-on.

Se-cou-ra-ble.

PHRASES A SYLLABER.

E cri vez les in ju res sur le sa ble, et les bien faits sur le mar bre.

Bo ër ha a ve se dé cou-vrait, en par lant de Dieu, New ton s'in cli nait, et Bay-le s'ar rê tait au mi lieu d'un dis cours.

Mai son de chau me où l'on rit vaut mieux que pa lais où l'on pleu re.

Le com men ce ment de la sa ges se est la crain te de Dieu.

L'ad ver si té est la pier re de tou che de l'a mi tié.

La vie est com me un jour-
nal sur le quel on ne doit
ins cri re que de bon nes
ac ti ons.

Re gar dez un bon li vre
com me le meil leur de vos
a mis.

Ne vous mê lez ja mais de
ce qui ne vous re gar de pas,
et ne par lez que pour ré-
pon dre quand on vous in-
ter ro ge, a fin de ne point
vous at ti rer des ré pri man-
des hu mi li an tes.

L'ab bé Fou quet, as sis-
tant un jour à une au di en-
ce que le car di nal Ma za-
rin don nait au grand Tu ren-
ne, a vant son dé part pour

u ne cam pa gne, l'ab bé pous sa la har di es se jus- qu'à dé si gner sur u ne car- te l'en droit où le ma ré chal de vait pas ser une ri viè- re; le guer rier lui don na sur le doigt, en lui di sant : Mon- sieur l'ab bé, vo tre doigt n'est pas un pont.

On paie quel que fois bien cher le soir les fo lies que l'on a fai tes le ma tin.

En fants, a yez tou jours de vant les yeux la crain te du Sei gneur.

Le tra vail est la sour ce du bon heur et de la pros- pé ri té.

Ne vous pres sez point

d'ad mi rer une cho se, de loin c'est quel que cho se, et de près sou vent ce n'est ri en.

Si l'on veut se fai re ai‑ mer, il faut sa voir par don‑ ner.

Ne re met tez ja mais rien à fai re au len de main, car sou ve nez‑vous que le temps per du ne se re trou ve ja‑ mais.

Les en fants doi vent ho‑ no rer leurs pè res et leurs mè res, en tout â ge et en tout é tat.

Ils doi vent leur o bé ir en tou tes cho ses où Dieu n'est point of fen sé.

Ils leur doi vent a mour

et res pect aus si bien dans les châ ti ments que dans les ca res ses.

Ils doi vent é vi ter avec grand soin de les at tris ter ou de les met tre en co lè re.

Ils doi vent les as sis ter dans leur pau vre té, jus qu'à tout ven dre pour ce la.

Le re pen tir des fau tes est le sa lut de l'â me.

Le men son ge est l'ob jet du plus grand mé pris. Un men teur est aus si o di eux et plus à crain dre qu'un vo leur : il est com pa ra ble à un corps pes ti fé ré dont l'ap pro che est dan ge reu- se.

L'oi si ve té n'ap prend qu'à mal fai re; el le est la mè re de tous les vi ces.

On ga gne tout à fré quen-ter les hon nê tes gens; on perd tout à fré quen ter les mé chants.

Ne dé si rez ni gloi re ni ri ches se : de man dez la sa-ges se, el le tient li eu de tout.

La bon ne con sci en ce est un fonds iné pui sa ble de con so la ti on et d'es pé ran-ces; qu'el le soit la rè gle de tou tes vos ac ti ons, et vous se rez heu reux dans ce mon-de et dans l'au tre.

———∘○∘———

ARTS ET MÉTIERS.

ARCHITECTE.

L'architecte est celui qui donne les plans et les dessins d'un bâtiment, qui conduit l'ouvrage et qui commande aux maçons, charpentiers, couvreurs et autres ouvriers qui travaillent sous lui. Le bon architecte est un homme qui, sans compter les connaissances générales qu'il est obligé d'acquérir, doit posséder bien des talents : il doit faire son capital du dessin, comme l'âme de ses productions; des mathématiques, comme le seul moyen de régler l'esprit et de conduire la main dans ses diverses opérations; de la coupe des pierres, comme la base de toute la main-d'œuvre d'un bâtiment; de la perspective, pour acquérir les connaissances des différents points d'optique, et les plus-valeurs qu'il est obligé de donner aux hauteurs de la décoration, qui ne peuvent être aperçues d'en bas. Il doit joindre à ces talents des dispositions naturelles, l'intelligence, le goût, le feu et l'invention, parties qui lui sont non seulement nécessaires, mais qui doivent accompagner toutes ses études.

BOUCHER.

C'est celui qui prépare, habille, coupe, vend la viande à la boucherie, et qui est autorisé à tuer de gros bestiaux et à en vendre la chair en détail.

CHAUDRONNIER.

Le chaudronnier est l'ouvrier qui fabrique toutes sortes d'ouvrages en cuivre, tels que les chaudrons, poisonnières, fontaines, casseroles, etc.

DISTILLATEUR.

Le distillateur est en général l'artiste qui, par le moyen de la distillation, sépare et tire des mixtes les eaux, les esprits, les essences. Ces différents objets sont du ressort ou du pharmacien, ou du parfumeur, ou du confiseur, ou du vinaigrier, ou du limonadier, ou enfin du distillateur d'eaux-fortes.

ÉBÉNISTE.

L'ébéniste est l'ouvrier qui fait des ouvrages de rapport, de marqueterie et de placage avec les bois de couleur, l'écaille et autres matières.

Le nom d'*ébéniste* qu'on leur donne vient de ce qu'autrefois le bois d'ébène était celui qu'ils employaient communément, et dont ils faisaient leur plus beaux ouvrages.

Les ouvrages les plus ordinaires que font les ébénistes sont des bureaux, des commodes, des secrétaires, des cabinets, des tables et autres meubles semblables.

FORGERON.

Ce nom est commun aux serruriers, taillandiers, couteliers, et à tous ceux qui travaillent le fer à la forge et au marteau.

GRAVEUR.

Le graveur est en général l'artiste qui, par le moyen du dessin et de l'incision sur les matières dures, imite les objets visibles. Il y a plusieurs sortes de gravures, en creux ou en relief, sur les pierres, sur le bois, sur l'or et l'argent, sur le cuivre, le laiton, l'étain, le fer ou l'acier.

Le graveur en bois est celui qui, par des incisions qu'il fait dans le bois, le rend propre à en tirer des figures.

On distingue la gravure en bois en quatre espèces : celle qui est matte et de relief; la gravure en creux; celle qu'on emploie pour les estampes, les vignettes et l'impression; et enfin la gravure en clair-obscur, que les artistes nomment *gravure en camaïeu.* De toutes ces espèces différentes de gravure, celle qui demande le plus de connaissances, qui est la plus délicate et la plus parfaite, est celle des estampes, les autres n'étant, à proprement parler, que des ébauches de celle-ci.

HORLOGER.

L'horlogerie est l'art de construire des machines qui, par le moyen d'un rouage, mesurent le temps en le partageant en parties égales, et en marquant ce partage par des signes intelligibles.

Pour ne pas confondre l'horloger artisan avec l'horloger artiste, il est bon de savoir que le premier est ordinairement un ouvrier qui fabrique diverses pièces d'horlogerie et les assemble sans connaître la justesse des proportions, et sans être en état de rendre raison des principes qui le font agir ; au lieu que le second joint au génie du mécanisme, qui est un présent de la nature, la physique, la géométrie, la science du calcul et l'art de faire des expériences ; il n'exécute rien sans en sentir les effets ; il cherche à les analyser ; rien n'échappe à ses observatious ; il profite des découvertes qu'on a faites avant lui, et il en fait souvent lui-même.

IMPRIMERIE.

L'imprimerie est un art ancien dans la Chine, où elle est en usage depuis l'an 980 ; mais elle est bien différente de celle de l'Europe, car les Chinois ne se servent que de tables taillées. En Chine, celui qui veut imprimer un livre, le fait premièrement écrire par un excellent maître. Le graveur en colle chaque feuille sur une table bien unie, et en suit les traits avec le burin si fidèlement, que les caractères marqués ont une ressemblance parfaite avec l'original.

Une imprimerie est composée de caractères et de presses. Les caractères sont de petits morceaux d'étain allié avec du plomb et de l'antimoine ; ils sont longs d'environ un pouce, et de différentes épaisseurs ; à l'un des bouts sont les caractères *a b c ;* on les met dans une casse formée d'autant de petites séparations qu'il y a de signes nécessaires à l'impression. Lorsqu'on veut former un mot, on prend chaque lettre l'une après l'autre; et les mots à la suite les uns des autres forment des lignes qu'on place sur une petite planche à rebords ; les lignes placées l'une sous l'autre forment des pages. On place ces pages dans un cadre de fer, et avec des coins de bois on assujettit ces caractères mobiles qui forment des pages, et ces pages qui forment des feuilles, de manière à ce que ce ne soit plus qu'une planche solide. C'est cette planche qu'on nomme forme, qu'on met sous la presse; on enduit d'encre faite exprès avec un rouleau

les caractères; on fait retomber le papier, qui
est humide, sur la forme; on presse; les caractères se marquent sur le papier, et voilà des
mots, des lignes, des pages et des livres.

On imprime encore en *taille-douce* et par le
nouveau procédé qu'on nomme *lithographie.*
L'impression en taille-douce diffère de celle de
caractères mobiles, en ce que dans cette der-
nière c'est la partie en relief qui forme l'em-
preinte, tandis que dans la première ce sont les
traits creux de la gravure qui se reproduisent
sur le papier. La lithographie, ou l'art d'imprimer de l'écriture ou des dessins faits sur la
pierre, tient de ces deux genres.

JARDINIER.

Le jardinier est proprement celui qui cultive les plantes qu'on a réunies dans un jardin
ou dans un enclos. Son travail s'étend aux
arbres, aux fleurs, aux plantes potagères. Dans
l'origine, qu'on peut faire remonter jusqu'aux
temps les plus reculés, tout jardinier était
fruitier, fleuriste, pépiniériste, botaniste et
maraicher.

LUTHIER.

C'est l'artiste qui fait tous les instruments de
musique qu'on joue avec l'archet, comme vio-
lons, quintes ou alto, violoncelles, basses, etc.

Il fait aussi les instruments qu'on pince avec les doigts, comme le luth, le théorbe, la harpe, la guitare, la mandoline, la vielle, etc.

MAÇON.

Le maçon est celui qui travaille en maçonnerie. Ce nom se donne également à l'entrepreneur qui fait les marchés de maçonnerie, et à l'ouvrier qui les construit. Entre les arts mécaniques qui servent à la construction des édifices, la maçonnerie est celui qui tient aujourd'hui un des premiers rangs.

NAVIGATEUR.

La navigation, que l'industrie des nations commerçantes a imaginée pour voiturer par mer toutes sortes de productions d'une contrée de la terre à toutes les autres, est une profession qui exige beaucoup de connaissances; c'est l'art de déterminer tous les mouvements d'un vaisseau, par la connaissances des cartes marines, et de le conduire au lieu de sa destination par le chemin le plus sûr, le plus court et le plus commode.

OISELEUR.

L'oiseleur, qu'on nomme aussi *oiselier*, est celui qui va chasser et tendre aux menus oiseaux, qui les élève et en fait trafic.

PEINTRE.

C'est celui qui exerce l'art de la peinture, et qui représente toutes sortes d'objets par le secours des couleurs et du pinceau. Il y a plusieurs sortes de peintures, savoir : à l'huile, à fresque, en détrempe, sur le verre, en émail, qui est celle qui dure le plus. Il y aussi la miniature, le pastel et la gouache.

QUINCAILLIER.

C'est celui qui vend toutes sortes d'ustensiles, d'instruments de fer ou de cuivre, comme couteaux, ciseaux, chandeliers, haches, faux, bêches, cadenats, serrures, marteaux, etc.

RELIEUR.

La reliure consiste à plier les différentes feuilles qui doivent composer un livre, à les réunir dans l'ordre indiqué par des chiffres placés au bas de la première page de chaque cahier, à les coudre sur des ficelles qui servent à attacher les cartons, à les rogner, à les couvrir soit de papier, de parchemin ou de peau, et à les embellir de dorures plus ou moins élégantes.

SCULPTEUR,

La sculpture est un art qui, par le moyen du dessin et de la matière solide, imite les objets palpables de la nature. Tout ce qui est gravé ou travaillé en relief fait partie de cet art.

TONNELIER.

Le tonnelier est l'artisan qui fait, qui relie et qui vend des tonneaux : ce qui comprend toutes sortes de vaisseaux de bois reliés d'osier, propres à contenir des liqueurs ou des marchandises. Ce sont eux encore qui font la descente des vins, des cidres, etc., dans les caves.

VIGNERON.

C'est celui qui travaille la vigne, qui la plante, la cultive et exprime le jus du raisin pour en faire du vin. La culture de la vigne et l'art de faire le vin sont au nombre des premières connaissances que les hommes ont eues de l'agriculture.

FIN.

ÉPINAL, IMPRIMERIE DE PELLERIN.

www.ingramcontent.com/pod-product-compliance
Lightning Source LLC
Chambersburg PA
CBHW060754280326
41934CB00010B/2479